Albert Becomes a Fisherman

Albert Se Convierte en Pescado

author Jan Hahn

illustrator Samantha Berner

translator Katherine López

Parson's Porch Books

Albert Becomes a Fisherman

ISBN: Softcover 978-1-960326-67-6

Copyright © 2024 by Jan Hahn

Parson's Porch Books is an imprint of Parson's Porch & Company (PP&C) in Cleveland, Tennessee. PP&C is a self-funded charity which earns money by publishing books of noted authors, representing all genres. Its face and voice is **David Russell Tullock** who you can contact at: dtullock@parsonsporch.com.

Parson's Porch & Company turns books into bread & milk by sharing its profits with the poor.

www.parsonsporch.com

Albert Becomes a Fisherman

Albert was in heaven-lounging in a hammock, catching flies with his long tongue, and soaking up the warm rays of the August sun.

Albert estaba en el cielo, descansando en una hamaca, atrapando moscas con su larga lengua y absorbiendo los cálidos rayos del sol de agosto.

But then his mother appeared and spoiled his afternoon. "You need to do something with your life. You cannot spend your days just eating flies!"

Pero luego apareció su madre y le arruinó la tarde. "Tienes que hacer algo con tu vida. ¡No puedes pasar tus días comiendo moscas!".

So Albert began to think. "What should I become?.
I could be a race track driver because I am a speed junkie!"

Así que Albert empezó a pensar "¿En qué debo convertirme?"¡Podría ser piloto de carreras porque soy un adicto a la velocidad!":

"Maybe I should become a garbage collector because there are always lots of flies around the truck."

"Tal vez debería convertirme en recolector de basura porque siempre hay muchas moscas alrededor del camión".

"I know!. I will be a kindergarten teacher because I love little children."

"¡Ya sé! Seré maestro preescolar porque amo a los niños pequeños".

Albert thought and thought and thought. And after every thought he ate a few more flies.

Albert pensó, pensó y pensó. Y después de cada pensamiento se comió unas cuantas moscas más.

But thinking is hard work and after filling his belly with lots of flies, he fell into a deep sleep.

Pero pensar es trabajo duro y después de llenar su barriga con muchas moscas, cayó en un sueño profundo.

His mother, however, was not impressed by Albert's lack of effort so she asked his father to voice an opinion.

Sin embargo, a su madre no le impresionó la falta de esfuerzo de Albert, por lo que le pidió a su padre que expresara su opinión.

"Albert! Time is up. Make a decision and when I return from fishing with my buddies, tell me what you are going to do with your life."

"¡Albert! El tiempo ha terminado. Toma una decisión y cuando regrese de pescar con mis amigos, dime qué vas a hacer con tu vida."

After Albert's father hopped away, Albert knew what he wanted to be. He was going to become a fisherman because fishing was Albert's favorite pastime.

Después de que el padre de Albert se fuera, Albert supo lo que quería ser. Iba a convertirse en pescador porque la pesca era el pasatiempo favorito de Albert.

If you love your work, you will never work a day in your life.

Si amas tu trabajo, nunca trabajarás un día en tu vida.

But what type of fisherman should he be?
Albert began turning the pages of a picture book of fish.
Maybe I will catch trout.

Pero ¿qué tipo de pescador debería ser?
Albert comenzó a pasar las páginas de un libro ilustrado de peces.
Tal vez pesque truchas.

"Perhaps I will chase sharks!"

"¡Quizás persiga tiburones!"

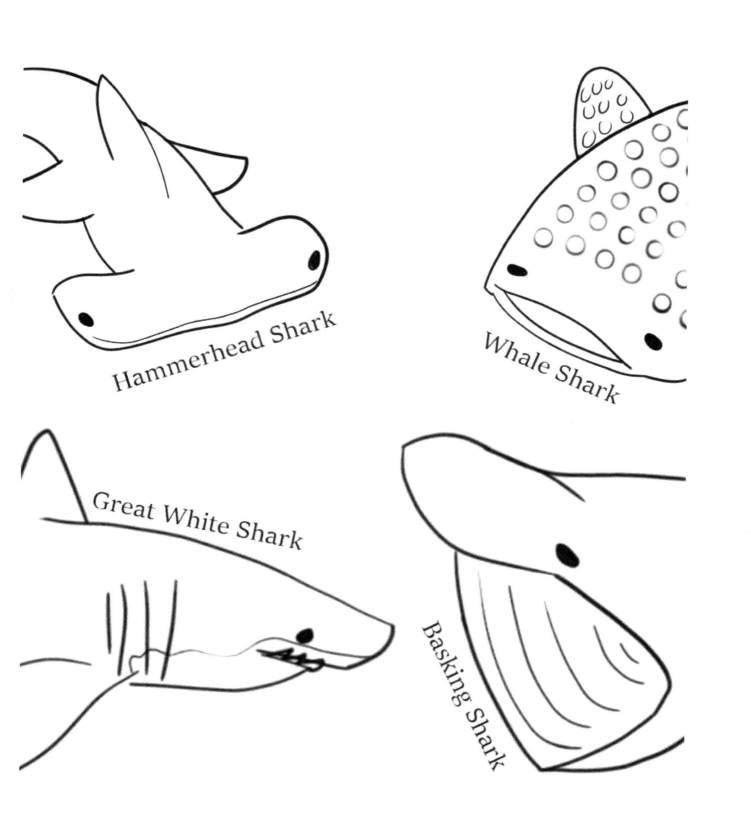

Hammerhead Shark

Whale Shark

Great White Shark

Basking Shark

"Or maybe, I will hunt whales!"

"¡O tal vez, cazaré ballenas!"

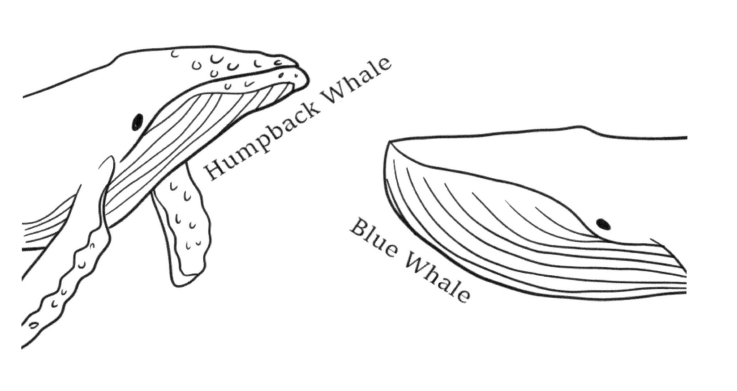

Humpback Whale

Blue Whale

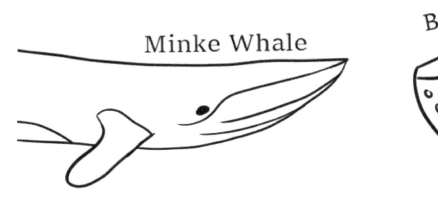

Minke Whale

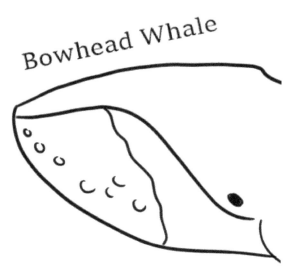

Bowhead Whale

Albert thought and thought and thought. And after every thought he ate a few more flies.

Albert pensó, pensó y pensó. Y después de cada pensamiento se comió unas cuantas moscas más.

But thinking is hard work and after filling his belly with lots of flies, he fell into a deep sleep.

Pero pensar es un trabajo duro y después de llenar su barriga con muchas moscas, cayó en un sueño profundo.

A few hours later, his father returned, quite proud of his catch. But when he saw Albert asleep, his smile turned into a frown.
"What, my son, is your decision?"

Unas horas más tarde, su padre regresó, bastante orgulloso de su pesca. Pero cuando vio a Albert dormido, su sonrisa se convirtió en un ceño fruncido.
"¿Cuál, hijo mío, es tu decisión?"

Albert was so startled by his father's angry voice that he blurted out.
"I intend to become a salmon fisherman in Alaska!"

Albert estaba tan sobresaltado por la voz enojada de su padre que desembuchó.
"¡Tengo la intención de convertirme en un pescador de salmón en Alaska!"

The next day Albert left home. His parents were so proud of him but wept copious tears for they did not know when they would see him again.

Al día siguiente, Albert se fue de su casa. Sus padres estaban muy orgullosos de él, pero derramaron muchas lágrimas porque no sabían cuándo lo volverían a ver.

All of his brothers and sisters gave him hugs, even though he could be really annoying at times.

Todos sus hermanos y hermanas le dieron abrazos, aunque a veces él podía ser muy hastioso.

So Albert, with all his belongings packed tightly in a sack suspended from a stick, began the long trek to Alaska.

Así que Albert, con todas sus pertenencias bien apretadas en un saco suspendido de un palo, comenzó el largo viaje a Alaska.

Albert walked and walked and walked. After five hours he had covered five miles. He was now very tired and thirsty and sat down to rest and think.

Albert caminó, caminó y caminó. Después de cinco horas había recorrido cinco millas. Ya se encontraba muy cansado y sediento, y se sentó a descansar y pensar.

"Alaska is 3000 miles away. If I walk ten miles a day, it will take me 300 days to get there. This is a hopeless endeavor.

"Alaska está a 3000 millas de distancia. Si camino diez millas por día, me tomará 300 días llegar allí. Esto es un esfuerzo sin esperanza.

Albert was very disheartened. He was never going to get to Alaska. He would never become a salmon fisherman. All his dreams went up in smoke. He began to cry.

Albert estaba muy desanimado. Nunca iba a llegar a Alaska. Nunca se convertiría en pescador de salmón. Todos sus sueños se esfumaron. Empezó a llorar.

Because he was crying so hard, he did not notice that a flock of Canadian geese had landed next to him.

Como lloraba tanto, no se dio cuenta de que una bandada de gansos canadienses había aterrizado justo a su lado.

The commander of the geese, hearing the pitiful sobbing of Albert wandered over to him.

"What is the problem, my little friend?"

El comandante de los gansos, al oír los lastimosos sollozos de Albert, se acercó a él. "¿Cuál es el problema, mi pequeño amigo?"

Albert told him what he wanted to be and where he wanted to go and how long his trip would take. And he began to cry again.

Albert le dijo lo que quería ser, adónde quería ir y cuánto duraría su viaje. Y empezó a llorar de nuevo.

The goose listened intently then returned to his companions. They had a spirited discussion and then sent the commander back to Albert.

El ganso escuchó atentamente y luego volvió con sus compañeros. Tuvieron una animada discusión y luego enviaron al comandante de regreso a Albert.

"My little friend. We are flying to Alaska. I am more than willing to let you ride on my back. I hope you are not afraid of heights?"

"Mi pequeño amigo. Nosotros estamos volando hacia Alaska. Estoy más que dispuesto a dejarte montar en mi espalda. Espero que no le tengas miedo a las alturas.

Now Albert was terrified of heights. In fact, he refused to sleep on the upper bed of his bunkbed.

Ahora Albert estaba aterrorizado por las alturas. De hecho, se negó a dormir en la cama superior de su litera.

In fact, he refused to change the ceiling light bulbs.

De hecho, también se negó a cambiar las bombillas del techo.

In fact, he was afraid of climbing the rope ladder into the treehouse.

En efecto, también tenía miedo de subir la escalera de cuerda a la casa del árbol.

But he so much wanted to go to Alaska and become a fisherman!
He resolved to put aside his fears and climb on the goose.

¡Pero deseaba ir a Alaska y convertirse en pescador!
Decidió dejar de lado sus miedos y subirse al ganso.

He remembered the words of his father.
"A brave frog is not one who is never afraid.
A brave frog is one, who despite his fears,
marches forward."

Recordó las palabras de su padre.
"Una rana valiente no es la que nunca tiene
miedo.
Una rana valiente es aquella que, a pesar de
sus miedos, marcha hacia adelante".

Albert took a deep breath, put on his googles, strapped a parachute to his back, and climbed on Commander Goose's back.

Albert respiró hondo, se puso sus gafas, se ató un paracaídas a la espalda y se subió a la espalda del comandante Goose.

Into the "wild blue yonder" they flew!
It was a glorious journey.
They passed over the mighty Mississippi River.

¡Hacia el "lejano azul salvaje" volaron!
fue un viaje glorioso
Pasaron sobre el poderoso río Mississippi.

They flew over the seemingly endless plains of the Midwest.

Volaron sobre las interminables llanuras del Medio Oeste.

They flew high above the towering Rocky Mountains and the dark forests of British Columbia.

Volaron muy por encima de las imponentes Montañas Rocosas y los bosques oscuros de la Columbia Británica.

Albert was enthralled by the beauty of the land. He could not believe how lucky he was. No one would believe him when he wrote home about his trip.

Albert estaba cautivado por la belleza de la tierra. No podía creer lo afortunado que era. Nadie le creía cuando enviaba cartas sobre sus viajes a casa.

Then the geese began their descent. In long lazy circles, they began to get closer and closer to the earth. Where were they going to land? Albert had seen no signs of human habitation and that worried him.

Entonces los gansos comenzaron su descenso. En círculos largos y perezosos, comenzaron a acercarse más y más a la tierra. ¿Dónde iban a aterrizar? Albert no había visto signos de presencia humana y eso le preocupaba.

Suddenly, Commander Goose honked, and the entire flock wheeled sharply to the north. There it was a small fishing village tucked into the edge of a heavily forested mountain range!

De repente, el comandante Goose lanzo un graznido y todo el rebaño giró bruscamente hacia el norte. ¡Allí estaba un pequeño pueblo de pescadores escondido en el borde de una cadena montañosa muy boscosa!

Hundreds of fishing boats lined the docks. Seagulls screamed madly as the fisherman hauled in their catches. The air smelled of salt and fish. It was all Albert had hoped for. "I have reached my destination!"

Cientos de barcos de pesca se alineaban en los muelles. Las gaviotas chillaban como locas al ver como los pescadores obstaculizaban sus capturas. El aire olía a sal y a pescado. Era todo lo que Albert había deseado. "¡He llegado a mi destino!"

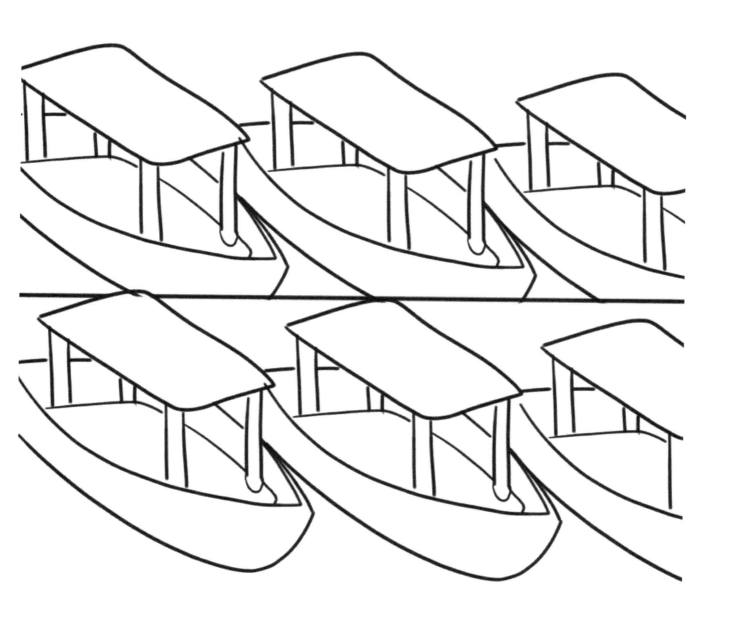

"But where am I?"
Albert hopped into a store and asked the owner the name of the town.
(I am sure she wondered how someone got to a town whose name he didn't know.)

"¿Pero, dónde estoy?"
Albert saltó hacia una tienda y le preguntó al dueño el nombre de la ciudad.
(Estoy seguro de que se preguntaba cómo alguien llegaba a un pueblo cuyo nombre no conocía).

She replied, "This is Cordova– the fishing capital of Alaska. It can only be reached by sea or air."

Ella respondió: "Esto es Córdoba, la capital pesquera de Alaska. Solo se puede llegar por mar o aire".

Albert thanked the woman and hopped out in the street. "Now I have to find a job. I will walk down to the docks. Surely someone needs a deck hand."

Albert agradeció a la mujer y saltó hacia la calle. "Ahora tengo que encontrar un trabajo. Caminaré hasta los muelles. Seguro que alguien necesita un marinero de cubierta.

Unfortunately for Albert, no one wanted to hire him. It was always one of two excuses: he was too small or had no experience. Albert wondered, "how does one get experience if no one, at least once, is willing to hire him?"

Desafortunadamente para Albert, nadie quería contratarlo. Siempre era una de dos excusas: era demasiado pequeño o no tenía experiencia. Albert se preguntó, "¿cómo se obtiene experiencia si nadie, al menos una vez, está dispuesto a contratarlo?"

Albert sat down to collect his thoughts. He was so close to reaching his goal–he could not fail at this moment. He remembered the words of his favorite teacher.

Albert se sentó para ordenar sus pensamientos. Estaba tan cerca de alcanzar su objetivo, no podía fallar en este momento. Recordó las palabras de su maestro favorito.

"When one door shuts in your face, stop staring at it.
Look around and find an open door to walk through."

"Cuando una puerta se te cierra en la cara, deja de mirarla.
Mira a tu alrededor y encuentra una puerta abierta por la que puedas pasar.

Albert turned to his left and then to his right. He looked up and he looked down. Then he saw a little boat bobbing up and down at the end of a distant pier. Two dogs sat on its nets.

Albert giró a su izquierda y luego a su derecha. Miró hacia arriba y miró hacia abajo. Luego vio un pequeño bote que subía y bajaba al final de un muelle distante. Dos perros se sentaban en sus redes.

And what a strange name for a boat!
The Tommyknocker.
"Surely someone who gives his boat such an unusual name will take his chances on someone like me."

¡Y qué extraño nombre para un barco!
El tommyknocker.
"Seguramente alguien que le da a su barco un nombre tan inusual se arriesgará con alguien como yo".

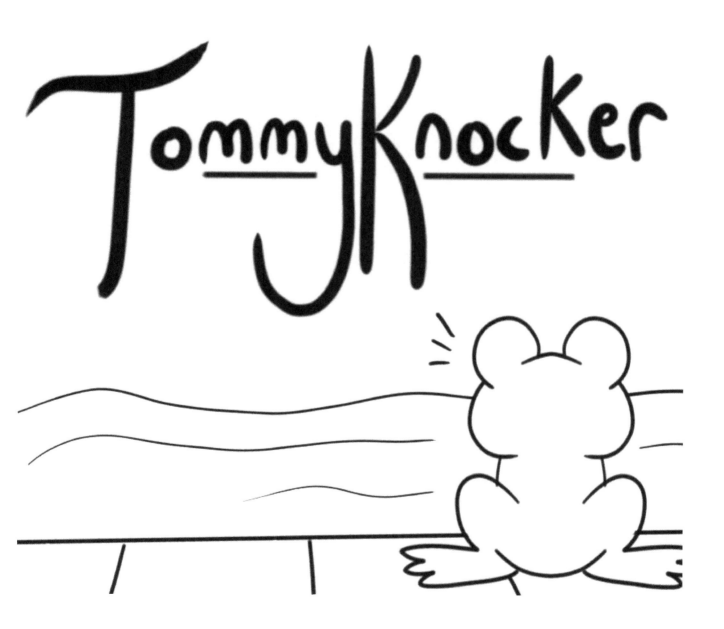

Albert hopped on down the dock but approached the boat cautiously. The dogs looked friendly but, after all, they were dogs and you just never know what they are thinking.

Albert saltó muelle abajo, pero se acercó al barco con cautela. Los perros se veían amigables, pero después de todo, eran perros y nunca se sabe lo que están pensando.

As he stood on the dock staring at the boat, he heard a deep, quiet voice from behind. "You looking for a job? I just found out my 1ˢᵗ mate can't come this season."

Mientras miraba el bote desde el muelle, escuchó una voz profunda y tranquila desde atrás. "¿Estás buscando trabajo? Me acabo de enterar que mi primer oficial no puede venir esta temporada".

Albert could not believe his ears. He told Captain Ben that he had no experience catching salmon, only flies. Ben laughed, "Neither did I when I started. How else can one learn? Climb aboard. We are setting out today–you, me and Macy and Beard my two dogs.

Albert no podía creer lo que escuchaba. Le dijo al Capitán Ben que no tenía experiencia en la captura de salmón, solo moscas. Ben se rió, "Yo tampoco cuando empecé. ¿De qué otra manera se puede aprender? Sube a bordo. Saldremos hoy–tú, yo y Macy y Beard, mis dos perros.

As they left the harbor of Cordova and entered the Prince William Sound, Ben began to teach Albert all that he would need to know.

Mientras salían del puerto de Córdova y entraban hacia la desembocadura Príncipe William, Ben comenzó a enseñarle a Albert todo lo que necesitaría saber.

He told him how to read the currents and to steer the boat and to repair the nets. He told him how to lay out the nets and reel them in and collect the fish.

Le dijo cómo leer las corrientes, cómo manejar el bote y cómo reparar las redes. Le dijo cómo tender las redes, enrollarlas y recoger los peces.

That night Albert had to pinch himself repeatedly to make sure he was awake, and this was not all a dream. He would soon be catching salmon as they rushed back to their spawning grounds in the Copper River. He wished his family could see him now!

Esa noche Albert tuvo que pellizcarse repetidamente para asegurarse de que estaba despierto y esto no fue todo un sueño. Pronto estaría pescando salmones mientras se apresuraban a regresar a sus zonas de desove en el río Copper. ¡Deseaba que su familia pudiera verlo!

Week after week, they fished. When they were prohibited from fishing, Ben read and Albert played with the dogs.

Semana tras semana, pescaban. Cuando les prohibieron pescar, Ben leyó y Albert jugó con los perros.

"Red at night,
Sailors' delight.
Red in the 'morn,
Sailors' forlorn"

"Rojo en la noche,
Delicia de los marineros.
Rojo por la mañana,
marineros desamparados"

One morning the sky was unusually red and the winds uncommonly brisk. Ben knew that these changes in the weather augured a brewing storm, so he piloted the boat into the cove of a small island.

Una mañana el cielo estaba inusualmente rojo y los vientos extraordinariamente fuertes. Ben sabía que estos cambios en el clima auguraban una tormenta que se avecinaba, así que pilotó el bote hacia la cala de una pequeña isla.

They anchored close to the shore, so they were able to disembark and set up a campsite just before the rains arrived.

Anclaron cerca de la orilla para poder desembarcar y armar un campamento justo antes de que llegaran las lluvias.

When the storm blew in, the heavens poured torrential rains upon them. The wind howled furiously and **THE TOMMYKNOCKER** tossed up and down and to and fro like it was a tiny cork.

Cuando la tormenta sopló, los cielos derramaron lluvias torrenciales sobre ellos. El viento aullaba con furia y **EL TOMMYKNOCKER** fue sacudido de arriba hacia abajo y de un lado a otro como si fuera un pequeño corcho.

The storm eventually subsided. Ben told
Albert and the two dogs to explore the
island while he repaired
whatever damages his boat had incurred.

La tormenta finalmente se calmó. Ben le
dijo a Albert y a los dos perros que
exploraran la isla mientras él reparaba los
daños que había sufrido su bote.

The dogs decided to sleep but Albert, wearing a broad brimmed hat and holding a walking stick, took off.

"Wish me luck," he shouted to the dogs but they were fast asleep and did not respond.

Los perros decidieron dormir, pero Albert, con un sombrero de ala ancha y un bastón, salió corriendo.

"Deséenme suerte", le gritó a los perros, pero estaban profundamente dormidos y no respondieron.

All afternoon Albert wandered through the woods. He saw birds and raccoons and deer.

Albert vagó toda la tarde por el bosque. Vio pájaros, mapaches y ciervos.

Then he stumbled upon a blueberry patch and cried out in delight, "What a find!" He began picking berries as fast as he could. "Won't Ben be excited. We have had nothing to eat but rice and dried fruit and fish."

Luego tropezó con un huerto de arándanos y gritó encantado: "¡Qué hallazgo!" Comenzó a recoger bayas lo más rápido que pudo. ¿No se emocionará Ben? No hemos tenido nada que comer excepto arroz, frutas secas y pescado".

Suddenly, from behind, Albert heard a deep ominous growl. He slowly turned his head and found himself facing a ferocious bear!

De repente, desde atrás, Albert escuchó un gruñido siniestro y profundo. ¡Lentamente giró la cabeza y se encontró frente a un oso feroz!

Now Albert was a little fellow, but this bear was REALLY BIG! He was approaching Albert with only one thought in mind— DINNER!

Ahora, Albert era un tipo pequeño, ¡pero este oso era MUY GRANDE! Se acercaba a Albert con un solo pensamiento en mente: ¡CENA!

Albert threw down his stick and took off as fast as his little legs could propel him. Through the underbrush he darted, and the bear simply trampled it flat.

Albert arrojó su bastón y se echó a correr tan rápido como sus pequeñas piernas le permitieron. Se lanzó a través de la maleza y el oso simplemente la pisoteó.

He climbed a tree, and the bear knocked it down with a single swipe of its paw.

Se subió a un árbol y el oso lo derribó de un solo golpe de su pata.

He hid beneath a boulder and the bear picked up the boulder and threw it aside.

Se escondió debajo de una roca y el oso recogió la roca y la arrojó a un lado.

Albert knew that his only hope was to get back to the boat. Ben had a gun and would certainly use it.

Albert sabía que su única esperanza era volver al barco. Ben tenía un arma y ciertamente la usaría.

Albert ran up a small hill with the bear a few paces behind. He rounded a grove of trees and there, less than a mile away, floating gently upon the waters lay the **TOMMYKNOCKER.**

Albert subió corriendo una pequeña colina con el oso unos pasos detrás. Rodeó una arboleda y allí, a menos de una milla de distancia, flotando suavemente sobre las aguas estaba el **TOMMYKNOCKER.**

Time was running out for the exhausted little frog. But with a burst of energy fueled by fear he took off. Alas! He tripped on a vine and before he could right himself, the bear stood above him.

El tiempo se acababa para la ranita exhausta. Pero con una explosión de energía alimentada por el miedo, trataba de escapar. ¡Pobre de mí! Tropezó con una enredadera y antes de que pudiera desenredarse, el oso se encontraba sobre él.

Albert knew the end was upon him and he covered his eyes and said a farewell prayer. He could only hope his end would be swift.

Albert sabía que el final se acercaba y se cubrió los ojos y dijo una oración de despedida. Solo podía esperar que su final fuera uno rápido.

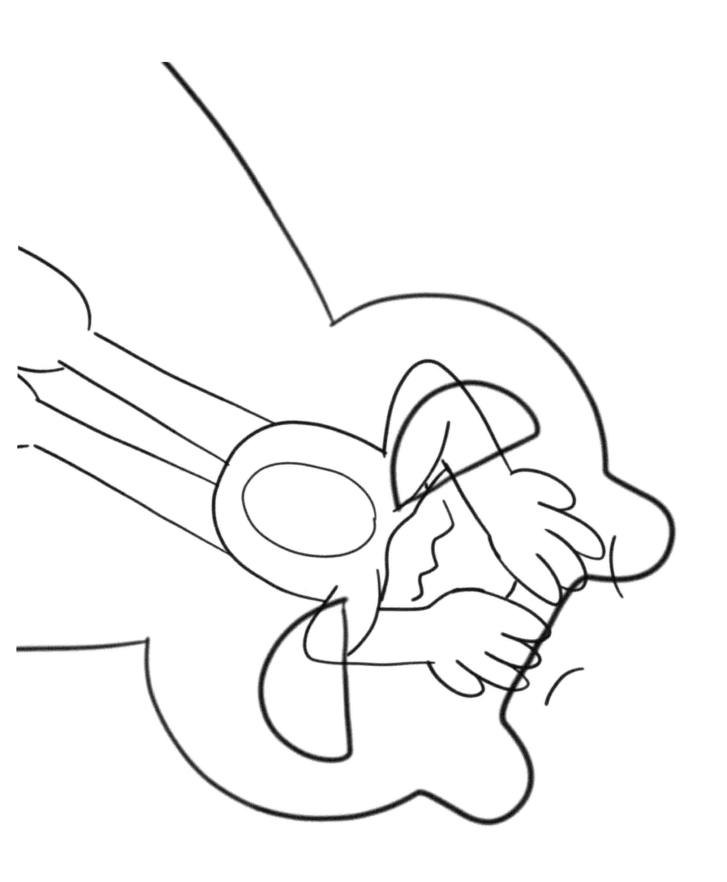

All of a sudden, Beard and Macy appeared barking furiously. The bear was momentarily bewildered and enraged.

De repente, Beard y Macy aparecieron ladrando furiosamente. El oso quedó momentáneamente desconcertado y enfurecido.

He swatted and snarled but the dogs were too quick. Whenever the bear turned on one, the other charged in to bite the back of his legs.

El oso golpeó y gruñó, pero los perros eran demasiado rápidos. Cada vez que el oso atacaba a uno, el otro se entrometía para morderle la parte posterior de las piernas.

For over an hour, the battle raged—two dogs against one bear!
Albert huddled terrified beneath a toadstool.

Durante más de una hora, la batalla rugió: ¡dos perros contra un oso!
Albert se acurrucó aterrorizado debajo de un hongo.

Finally, the bear gave up. He knew he could not win and with a thunderous roar, lumbered off.

Finalmente, el oso se dio por vencido. Sabía que no podía ganar y con un rugido atronador, se alejó.

It was now very quiet- the only sounds were of the dogs' heavy panting and Albert's knees knocking against one another.

Ahora todo estaba muy tranquilo, los únicos sonidos eran los pesados jadeos de los perros y las rodillas de Albert chocando entre sí.

Out of nowhere or so it seemed, Ben appeared. "While I was working on the boat, all you guys did was relax under the blue sky. We need to set sail immediately."

De la nada, o así parecía, apareció Ben. "Mientras yo estaba trabajando en el bote, todo lo que ustedes hicieron fue relajarse bajo el cielo azul. Tenemos que zarpar de inmediato.

Macy looked at Beard and Beard looked at Albert and Albert looked at Macy. They promised not to say a word about their afternoon. Albert was so tired he laid himself on Beard's back.

Macy miró a Beard y Beard miró a Albert y Albert miró a Macy. Prometieron no decir una palabra sobre su tarde. Albert estaba tan cansado que se acostó sobre la espalda de Beard.

Once on board, they fired up the engines and motored out to the fishing grounds. Albert looked forward to the routine of work; he had had his share of excitement.

Una vez a bordo, encendieron los motores y se dirigieron a los caladeros. Albert echaba de menos la rutina del trabajo; ya había tenido suficiente emoción por hoy.

For the next few days, life was refreshingly monotonous. Albert spent hours rehearsing the story he was going to tell his family— how he fought off an eight-foot bear with nothing more than a stick and then carried both exhausted dogs home.

Durante los siguientes días, la vida fue refrescantemente monótona. Albert pasó horas ensayando la historia que le iba a contar a su familia: cómo luchó contra un oso de dos metros y medio con nada más que un palo y luego cargó a ambos perros exhaustos a casa.

Now Albert, just like the dogs and Ben, was supposed to wear a life vest lest a sudden wave tip the ship and propel him into the water.

Ahora, se suponía que Albert, al igual que los perros y Ben, debía usar un chaleco salvavidas por si una ola repentina inclinaba el barco y lo arrojara al agua.

But Albert never liked the vest. It was uncomfortable and its yellow color clashed with his bright green skin. So often, when Ben had settled himself at the stern, Albert, standing at the bow waiting for the nets to be reeled in, would throw his vest aside.

Pero a Albert nunca le gustó el chaleco. Era incómodo y su color amarillo chocaba con su piel verde brillante. Por ende, muy a menudo, cuando Ben se había acomodado en la popa, Albert, de pie en la proa esperando a que se enrollaran las redes, arrojaba su chaleco a un lado.

Good luck favors the prepared and bad luck stalks the careless. A sudden swell tipped the ship and Albert was catapulted into Prince William Sound!

La buena suerte favorece a los preparados y la mala suerte acecha a los descuidados. ¡Un oleaje repentino volcó el barco y Albert fue catapultado hacia la desembocadura Prince William!

Ben could not hear Albert's cries for the engines drowned out all other noises. The dogs were fast asleep in the captain's quarters.

Ben no podía oír los gritos de Albert porque el ruido de los motores los ocultaba. Los perros estaban profundamente dormidos en la habitación del capitán.

Albert was not worried though. He could swim quite well and simply planned to swim around to the stern and ask Ben to lift him back on board.

Sin embargo, Albert no estaba preocupado. Podía nadar bastante bien y simplemente planeó nadar alrededor de la popa y pedirle a Ben que lo subiera de nuevo a bordo.

Unfortunately for Albert, he had been thrown into a school of salmon-thousands of them!

And nothing is as tasty to a salmon as a fresh frog!

Desafortunadamente para Albert, lo habían arrojado a un cardumen de salmones: ¡miles de ellos!

¡Y nada es tan sabroso para un salmón como una rana fresca!

Albert dodged and ducked and darted. Just when it appeared that a salmon would swallow him, Albert managed to slip away.

Albert esquivó y se lanzó. Justo cuando parecía que un salmón se lo iba a tragar, Albert logró escaparse.

But good luck can not last forever. A huge King salmon caught Albert and in just one gulp, swallowed him whole!

Pero la buena suerte no puede durar para siempre. ¡Un enorme salmón real atrapó a Albert y de un solo trago se lo tragó!

Albert was now in a very dark and quiet place—too dark and too quiet for his liking. He knew what had happened and knew this was how his life would end. He closed his eyes and said a prayer.

Albert estaba ahora en un lugar muy oscuro y silencioso, demasiado oscuro y demasiado silencioso para su gusto. Sabía lo que había sucedido y sabía que así terminaría su vida. Cerró los ojos y dijo una oración.

Suddenly Albert was awakened by the violent thrashings of the fish. The fish bounced to the right and then to the left and then up and then down. Slowly the movement stopped and all was very still.

De repente Albert fue despertado por las violentas sacudidas de los peces. El pez rebotó hacia la derecha y luego hacia la izquierda y luego hacia arriba y luego hacia abajo. Lentamente el movimiento se detuvo y todo quedó muy quieto.

Now when a fish dies, it opens its mouth. Albert opened his eyes and saw light and slowly, carefully crawled out of the fish's mouth—weary, worn, wet but very much alive.

Ahora bien, cuando un pez muere, abre la boca. Albert abrió los ojos y vio luz y lentamente, con cuidado, salió de la boca del pez, cansado, desgastado, mojado pero muy vivo.

When Ben saw him, his eyes wet from tears, lighted up. Macy and Beard barked happily and could not stop licking him.

Cuando Ben lo vio, sus ojos húmedos por las lágrimas se iluminaron. Macy y Beard ladraban felices y no paraban de lamerlo.

As Ben gave Albert his life vest which he quickly and without complaint, put on, he said, "Albert, we are supposed to catch the fish, not the other way around."
Albert smiled but really did not see the humor in this joke.

Cuando Ben le dio a Albert su chaleco salvavidas, que se puso rápidamente y sin quejarse, dijo: "Albert, se supone que debemos atrapar el pez, no al revés".
Albert sonrió, pero realmente no le encontró el humor a esta broma.

Ben decided that Albert needed a reward for his trials so he let him pilot the boat all the way back to Cordova.

Ben decidió que Albert necesitaba una recompensa después de todas las pruebas a las que se había enfrentado, así que lo dejó pilotar el barco hasta Cordova.

And to pass the time, they sang songs of the sea. Their favorite one was called

The Longest Johns-Ashes

and they sang it 23 times!

Y para pasar el tiempo, cantaban canciones del mar. Su favorita se llamaba

The Longest Johns-Ashes

¡y la cantaron 23 veces!

Watch that old fire
as it flickers and dies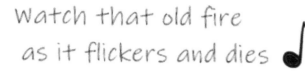

That once blessed the household
and lit up our lives

It shone for the friends
and the clinking of glasses

I'll tend to the flame,
you can worship the ashes

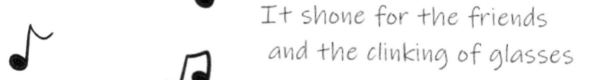

After unloading their catch, Albert collected his wages and said adieu.

Ben asked, "Will I see you next year?"

Albert shook his head no. "I'm not really cut out to be a salmon fisherman. I need to try another job."

Después de descargar su captura, Albert recogió su salario y se despidió.

Ben preguntó: "¿Te veré el próximo año?"

Albert negó con la cabeza. "Realmente no estoy hecho para ser un pescador de salmón. Necesito probar otro trabajo".

Ben and Albert hugged one another. Macy and Beard gave him a paw.

Ben y Albert se abrazaron. Macy y Beard le dieron la pata.

Albert now walked slowly down the dock and out of town. He was very sad.

Albert caminó lentamente por el muelle y salió de la ciudad. Él estaba muy triste.

Albert walked to the airport hoping that his wages would cover the cost of airfare to Knoxville when he heard a familiar voice.

Albert caminó hacia el aeropuerto con la esperanza de que su salario cubriera el costo del pasaje aéreo a Knoxville cuando escuchó una voz familiar.

"Albert, my little friend, I wondered what happened to you, said Commander Goose.

"Albert, mi pequeño amigo, me preguntaba qué te había pasado", dijo el comandante Goose.

"I was a salmon fisherman. I have so many stories to tell my family if I ever get home."

"Yo era pescador de salmón. Tengo tantas historias que contarle a mi familia si es que logro volver a casa".

"Well, my friends and I are heading south for the winter. Do you want a ride?"

"Bueno, mis amigos y yo nos dirigimos al sur para pasar el invierno. ¿Quieres ir con nosotros?"

213

"Oh! Most certainly!" So after donning his aviator glasses and tightly fastening his hat, Albert climbed onto the goose.

"¡Oh! ¡Claro que sí!" Entonces, después de ponerse sus lentes de aviador y abrocharse bien el sombrero, Albert se subió al ganso.

Upwards and onwards they flew. Over the forests of western Canada.

Hacia arriba y hacia adelante volaron. Sobre los bosques del oeste de Canadá.

Over the ragged peaks of the "Rockies."

Sobre los picos irregulares de las "Montañas Rocosas".

Over the seemingly endless plains of the Midwest.

Sobre las llanuras aparentemente interminables del Medio Oeste.

Finally Albert saw the green pastures of Kentucky and he knew Tennessee was close.

Finalmente, Albert vio los pastos verdes de Kentucky y supo que Tennessee estaba cerca.

Commander Goose called to him, Where do you want me to land?
Albert replied, "not yet, I will tell you when I hear what I am listening for."

El comandante Goose preguntó: ¿Dónde quieres que aterrice?
Albert respondió: "todavía no, te lo diré cuando oiga lo que ando esperando escuchar".

The geese were flying over Knoxville and

Albert heard home calling.
Rocky Top, you'll always be
Home sweet home to me
Good ol' Rocky Top
Rocky Top, Tennessee
Rocky Top, Tennessee

Los gansos volaban sobre Knoxville y Albert

escuchó el llamar de su hogar.

Rocky Top, siempre estarás

Hogar dulce hogar para mí

Buen viejo Rocky Top

cima rocosa, Tennessee

cima rocosa, Tennessee

"That's it! I am out of here!
Adieu, Sayonara, Adios"
Albert jumped off the back of the goose,
pulled the parachute cord and began a slow,
leisurely descent.

"¡Eso es todo! ¡De aquí me voy!
Adieus, Sayonara, Adiós"
Albert saltó del lomo del ganso, tiró de la
cuerda del paracaídas y comenzó un
descenso lento y pausado.

Way down below three of Albert's brothers were throwing a football to one another.

Desde abajo, tres de los hermanos de Albert se lanzaban una pelota de fútbol.

As Caleb looked up in the sky to catch his brother's toss, he saw a strange object.

Cuando Caleb miró hacia el cielo para atrapar la pelota que había lanzado su hermano, vio un objeto extraño.

"What is it?" he shouted to Justin.
Devon replied, "It's a plane!"
Elwin exclaimed in astonishment,
No, it's Albert!"

"¿Qué es?" le gritó a Justin.
Devon respondió: "¡Es un avión!"
Elwin exclamó con asombro,
¡No, es Albert!

And as Albert floated slowly to earth, he thought.
I may have tried and failed but at least I didn't fail to try and that is all one can ask of oneself.

Y mientras Albert flotaba lentamente hacia la tierra, pensó.
Puede que lo haya intentado y haya fallado, pero al menos no dejé de intentarlo y eso es todo lo que uno puede pedirse a sí mismo.

The End

El fin

ABOUT THE AUTHOR

Dr. Jan Hahn was born in 1951 in Massachusetts and raised in Vineland, N.J. After graduating from Swarthmore College, he entered Mt. Sinai School of Medicine in New York City. Upon completing a family practice residency program in Galveston, Texas, he joined the Indian Health Service and worked for 4 years at Cherokee IHS Hospital in Cherokee, N.C. In 1984, he moved to Lenoir City, TN. where he practiced family medicine until 2012.

In 2009, he returned to college to study English, and in 2011, he enrolled in Lincoln Memorial University's post-bac teacher licensure program and was certified to teach English 7-12. He taught Health Sciences at Farragut HS in Knoxville for 3 years. He then returned to medicine and is now practicing in Madisonville, TN.

In 1991, he started a domestic violence program, Crisis Center for Women-IVAS, and was its chairman of the board until 2017. This is his fifth book. The first one, *Voices*, is a collection of poems describing many of the patients he has cared for during his long career in medicine. His second book, *A Gallimaufry*, is a potpourri of poems. He has written two books about Albert- *Albert and the Milk Pail* and *Albert Takes on the World*.

Dr. Hahn lives with his wife, Dr. Heather O'Brien, a veterinarian, and their 4 horses, 6 dogs, 25 chickens, and 6 goats. His 3 daughters, Micah, Avital, and Mara are pursuing their careers in Alaska, Kentucky, and Louisiana.

ABOUT THE ARTIST

Samantha Berner is a 23-year-old digital artist from Patchogue, New York, who specializes in character design. She dreams of putting her skills and passion to the test by becoming an independent video game designer. She attended East Tennessee State University for two years but is primarily self-taught. She has been drawing with pencil and paper since she was little but has over five years of experience with digital art.

ABOUT THE TRANSLATOR

Katherine Lopez was born in New York City but returned to Puerto Rico during her early childhood. She graduated from the Univ of Puerto Rico and then moved to Tennessee. After working for a few years as a veterinary technician, she enrolled in the Univ of TN School of Veterinary Medicine. She lives in Lenoir City.

9 781960 326676